Merchant and Parrot

طوطی و بازرگان

Serial Number: P2245250098

Title: Merchant and the Parrot

Sub Tittle: A Good Story for a Good Night's Sleep

Author: Azam Khoram

Illustrator: Nashmin Valadi

ISBN: 978-1-990760-19-8

Metadata: An Ancient Moral Story

Book Size: 6.5 * 6.5

Pages: 32

Canada Publish Date: May 2022

Publisher: Kidsocado Publishing House

Once upon a time, there was a merchant who had a beautiful and chatty parrot. The merchant loved his bird, so he bought him a lovely golden cage to live in.

Even though the parrot had a comfy cage and delicious food, he was always longing for freedom because animals love being free.

روزی روزگاری بازرگانی بود که طوطی زیبا و سخنگویی داشت. بازرگان عاشق طوطی اش بود. به خاطر همین قفس طلایی و زیبایی خریده بود تا طوطی در آن زندگی کند.

گرچه طوطی زیبا، قفس راحتی داشت و غذای خوبی هم می خورد اما همیشه در آرزوی آزادی بود. تعجبی هم ندارد چون همه حیوانات عاشق آزادی اند.

One day, the merchant was busy preparing to go on a long journey to India to do some trade. He gathered his servants and housemaids together and said, "I have decided to go to India and since you all are like family to me, I would like to buy you all souvenirs of your choosing. What would you like me to bring back for you?"

تا اینکه یک روز، بازرگان آماده شد، برای تجارت به سفر دور و درازی به هندوستان برود. او همه کنیزان و خدمتکارانش را جمع کرد و به آنها گفت: من تصمیم دارم به هندوستان بروم. همه شما مثل خانواده ام هستید. می خواهم هرچه خودتان دوست دارید را برایتان سوغات بیاورم. هر کدام از شما به من بگویید چه چیزی دوست دارید برایتان سوغات بیاورم؟

They were all delighted and each of them asked for something different. The kind merchant listened and promised to bring back whatever they wanted. The merchant then turned to his parrot and asked, "My lovely parrot, do you want a souvenir too?"

همگی خوشحال شدند و هر کدام از آنها چیزی از بازرگان خواست. بازرگان مهربان به تک تک آنها گوش داد و قول داد هرچه دوست دارند را برایشان بیاورد. سپس رو به طوطی اش کرد و از او پرسید: طوطی دوست داشتنی من تو هم سوغاتی می خواهی؟

The parrot replied, "No, but if you see free parrots in the forest, give them my greetings; then tell them, «I am eager to see you, but I'm stuck in my cage: alone in captivity; while you are in the green trees and rose gardens free. Ask them to remember this poor bird."

طوطی جواب داد: نه، فقط اگر طوطی های آزاد را در جنگل دیدی سلام مرا به آنها برسان و به آنها بگو که من مشتاقم آنها را ببینم اما در این قفس گیر افتاده ام. آیا این انصاف است که من تنها در این قفس باشم در حالی که شما در کنار هم در میان درختان سرسبز و باغهای پرگل آزادانه زندگی می کنید؟ و از آنها بخواه یادی هم از این پرنده بینوا بکنند.

The merchant promised that he would pass on the message to the free parrots if he saw them.
When the merchant arrived in India, he saw several parrots in a tree. He remembered his promise and passed the message of his parrot onto them. As soon as the parrots heard the message, one of them trembled and fell to the ground dead.

بازرگان قول داد اگر طوطی های آزاد را ببیند، پیام طوطی اش را به آنها برساند.

وقتی بازرگان به هند رسید چند تا طوطی آزاد را روی درختی دید. و به یاد قولی افتاد که به طوطی اش داده بود و پیام طوطی را به آنها رساند. یکی از طوطی ها به محض شنیدن حرف های بازرگان شروع به لرزیدن کرد و از بالای درخت افتاد و مُرد.

The merchant was shocked, he regretted passing on the parrot's message, he said to himself, "This parrot must have been a relative of my little parrot. They must have had a spiritual connection. Why did I do this? Why did I pass on the message? I have killed the poor bird with my foolish words."

بازرگان که از دیدن این صحنه شوکه شده بود از اینکه پیام طوطی را رسانده بود پشیمان شد و به خودش گفت: این طوطی حتماً یکی از خویشاوندان طوطی کوچک من بوده. آنها حتماً با هم یک ارتباط روحانی داشته اند. چرا این کار را کردم؟ چرا این پیام را دادم؟ من با حرف های احمقانه ام این طوطی بیچاره را به کشتن دادم.

He was very sad for the rest of his trip in India, but then thought, what was the point of his regret? Finally, the merchant finished his trading and returned home. He had bought presents for every servant and housemaid.

بازرگان در طی سفرش در هند ناراحت و غمگین بود ولی در هر حال با خودش فکر کرد که دیگر پشیمانی چه سودی دارد؟ سرانجام بازرگان تجارتش را انجام داد و به خانه برگشت. او برای هر کدام از خدمتکاران و کنیزان هدیه ای آورده بود.

The parrot looked at the merchant's hands and asked, "Where is my present? Tell me about what you said and saw."

The merchant said, "No, indeed I am sorry for what I said, I have been biting my fingernails in remorse."

The parrot replied, "Why, what did you do? What is it that has caused this great sadness?"

طوطی نگاهی به دست بازرگان انداخت و پرسید: پس هدیه من کو؟ هرچه دیدی و شنیدی را برایم تعریف کن.

بازرگان گفت: نه. من واقعاً از آنچه که به طوطی ها گفتم متأسفم و انگشت ندامت به دندان می گزم.

طوطی پاسخ داد: چرا؟ مگر چکار کردی؟ دلیل این همه ناراحتی چیست؟

The merchant said, "When I delivered your message to the free parrots, one of them felt your pain and it broke her heart, she fell from the tree and died. I regret my words; Why did I tell them? But even so, I move on, what is the use of regretting what I had said after I have said it?"
When the nice parrot heard what had happened to that parrot, he too trembled, fell and died on the floor of his cage.

بازرگان گفت: وقتی پیام تو را به طوطی ها رساندم. یکی از آنها درد و رنج تو را احساس کرد و قلبش شکست و از بالای درخت به پایین افتاد و جان داد. من از حرفهایی که زدم پشیمانم. چرا آن حرف ها را زدم؟ حالا دیگر چه فایده از پشیمانی؟
طوطی زیبا وقتی فهمید چه اتفاقی برای آن طوطی افتاده، او هم لرزید و کف قفس افتاد و جان داد.

The merchant watched wide-eyed. He cried, "Oh, my beautiful parrot, what is this that has happened to you? Why did you die? Oh, my lovely bird, what will I do without you?"

The merchant was very sad. He was also angry with himself for telling the parrot about what had happened, that his words had killed his parrot.

بازرگان با چشم هایی که از حدقه درآمده بود او را نگاه کرد و فریاد زد: آه، ای طوطی زیبای من. چه اتفاقی برایت افتاد؟ چرا جان دادی؟ آه ای پرنده دوست داشتنی ام، من بدون تو چکار کنم؟

بازرگان خیلی غمگین بود. در ضمن از دست خودش هم عصبانی بود که چرا این اتفاق را برای طوطی اش تعریف کرده و با این حرف ها طوطی را به کشتن داده است.

Not knowing what else to do, he took the parrot out of the cage and put it beside the open window. Unexpectedly, the little parrot came back to life and flew outside to a high branch of a tree and sat on it happily.
The merchant was amazed and couldn't understand what had happened.

اما نمی دانست چه کار باید بکند. طوطی را برداشت و پنجره را باز کرد و آن را لبه پنجره گذاشت.

اما ناگهان، طوطی کوچک دوباره زنده شد و به سرعت پرواز کرد و با خوشحالی روی یکی از شاخه های بالای درختی نشست. بازرگان حیرت زده شده بود و نمی توانست بفهمد چه اتفاقی افتاده.

Astonished, he looked at the parrot and said, "Say something, give me an explanation. I am surprised, and I don't know what to say. Tell me, what did that parrot in India tell you and what did you learn from it?" The parrot replied, "That parrot, by her act, taught me to abandon my ability to talk and my affection for my master. Because it has been my voice and pretty appearance that has trapped me in my cage.

با تعجب نگاهی به طوطی انداخت و پرسید: حرفی بزن. چیزی بگو. من حیرت زده شده ام و نمی دانم چه باید بگویم. تو بگو که آن طوطی در هند به تو چه گفت و تو از آن چه چیزی یاد گرفتی؟
طوطی جواب داد: آن طوطی با عملش به من یاد داد که توانایی حرف زدنم را کنار بگذارم و از دل بستن به اربابم دست بردارم چون حرف زدن من و ظاهر زیبایم مرا در این قفس اسیر کرده است.

She told me that if I wanted to be free, I needed to leave everything behind. She had only pretended to die so that you could give me her message."
The merchant smiled and said, "Okay, go and may God protect you. I think this was a message for me too, for you have shown me a new way to view the world.

او به من گفت اگر دوست دارم آزاد باشم باید همه چیز را رها کنم. آن طوطی تظاهر به مردن کرد تا پیامش را به من برساند.
بازرگان لبخند زد و گفت: بسیار خب. برو، خدا به همراهت. فکر می کنم او برای من هم پیامی داشت چون تو به من دیدگاه جدیدی نسبت به دنیا دادی.

Sometimes in our life, we see things which are seemingly beautiful and capture our soul. We then find ourselves captured by them. If we want to be free and happy, we should leave that all behind."
The parrot said goodbye to the merchant and happily flew up into the sky.

یاد گرفتم که ما گاهی وقتها در زندگی چیزهایی می بینیم که ظاهراً زیبا هستند و روحمان را اسیر می کنند. و ما متوجه می شویم که اسیر آنها شده ایم. اگر بخواهیم آزاد و خوشبخت باشیم باید همه آنها را رها کنیم.

طوطی با بازرگان خداحافظی کرد و شادمانه در آسمان پرواز کرد.

The End

پایان

www.ingramcontent.com/pod-product-compliance
Lightning Source LLC
Chambersburg PA
CBHW041545120626
46551CB00019B/2840